Inhalt

Alterseinkünftegesetz

Kernthesen

Beitrag

Fallbeispiele

Weiterführende Literatur

Impressum

Alterseinkünftegesetz

A. Kaindl

Kernthesen

- Das vom Bundesrat im Juni 2004 beschlossene Alterseinkünftegesetz regelt die steuerliche Behandlung von Altersvorsorgeaufwendungen und bezügen grundlegend neu. Kern des Gesetzes ist der schrittweise Übergang zu einer nachgelagerten Besteuerung der Renten.
- Das Gesetz schreibt außerdem fest, dass Bezüge aus Kapitallebensversicherungen, die nach dem 31. Dezember 2004 abgeschlossen werden, zu 50 Prozent versteuert werden müssen.
- Im Bereich der privaten kapitalgedeckten Altersvorsorge (Riester-Rente) wurden mit dem Gesetz Vereinfachungen für die Steuerpflichtigen und Anbieter umgesetzt.

Allerdings werden ab 2006 nur noch Produkte staatlich gefördert, die für Frauen und Männer gleiche Beiträge und gleiche Leistungen vorsehen, trotz unterschiedlicher Lebenserwartung.

Beitrag

Bestimmungen des Alterseinkünftegesetzes

Der Bundesrat hat am 11. Juni 2004 das Alterseinkünftegesetz beschlossen. Dieses Gesetz regelt die künftige Besteuerung der gesetzlichen, betrieblichen und privaten Renten sowie die Steuern auf Kapitallebensversicherungen, die nach dem 1. Januar 2005 abgeschlossen werden. Mit diesem Gesetz setzt die Bundesregierung ein Urteil des Bundesverfassungsgerichts um, das eine steuerliche Gleichbehandlung von Pensionen und Renten gefordert hatte. (1), (2)

Das ab 2005 geltende Alterseinkünftegesetz teilt die Vorsorgeformen steuerlich in drei Blöcke: Gesetzliche Rente, Produkte aus dem Bereich geförderte Altersvorsorge (Betriebs-, Riester- und Rürup-Rente) sowie Kapitalanlagen. (9)

Die Reform führt dazu, dass die Beiträge der Arbeitnehmer zur gesetzlichen Rentenversicherung schrittweise steuerfrei gestellt werden, im Gegenzug werden die Renten stärker nachgelagert besteuert. Der steuerpflichtige Anteil steigt für die heutigen und die im kommenden Jahr hinzukommenden Rentner dauerhaft auf 50 Prozent. Die anderen 50 Prozent ergeben den persönlichen Freibetrag, der dem Rentner dann bis an sein Lebensende zugerechnet wird. Mit jedem Jahrgang, der danach das Rentenalter erreicht, steigt der steuerpflichtige Anteil der Rente zum Zeitpunkt des Renteneintritts bis zum Jahr 2020 um jährlich zwei Prozentpunkte. Dann steigt er weiter jeweils um einen Prozentpunkt, bis 2040 die volle Besteuerung erreicht ist. Da der persönliche Freibetrag Rentenerhöhungen nicht einschließt, nimmt auch bei Altrentnern der steuerpflichtige Anteil der Rente allmählich zu. Die Rentenbeiträge werden ab 2005 zu 60 Prozent steuerfrei gestellt. Dieser Prozentsatz steigt jährlich um 2 Punkte, so dass 2025 volle Steuerfreiheit erreicht wird. Weitere Vorsorgeaufwendungen etwa für eine Lebensversicherung sind 2005 steuerfrei, so weit sie zusammen mit den Rentenbeiträgen 12 000 nicht überschreiten. Diese Grenze steigt bis 2025 auf 20 000. Derartige Vorsorgeaufwendungen sind nicht nur auf Beiträge an Versicherungen beschränkt. (1), (3), (7)

Die Bestandsrenten und Neuzugänge 2005 bleiben damit nur noch bis zu rund 18 900 im Jahr bei Alleinstehenden steuerfrei. Für Verheiratete ist der Betrag doppelt so hoch. Bisher war eine jährliche Rente von 38 000 steuerfrei. Mit der schrittweisen Neufestlegung des Steueranteils wird für jeden Rentner ein fester steuerfreier Rentenbetrag errechnet. Bisher zahlen 2 Millionen Rentner Steuern. Künftig müssen nach Schätzung des Finanzministeriums 3,3 Millionen Rentner Steuern zahlen. Damit bleiben 10,9 Millionen Rentnerhaushalte (77 Prozent) weiter unbelastet. (1)

Die steuerlichen Rahmenbedingungen für die betriebliche Altersversorgung werden vereinheitlicht. Derzeit können bis zu 2 472 pro Jahr steuerfrei per Gehaltsumwandlung in eine Betriebsrente eingezahlt werden. Beiträge des Arbeitgebers für Direktversicherungen und Pensionskassen werden bis zu 1 752 im Jahr pauschal mit 20 Prozent besteuert. Dies fällt künftig außer für umlagefinanzierte Betriebsrenten weg. Zum Ausgleich können ab 2005 1 800 mehr, also insgesamt 4 272, steuerfrei eingezahlt werden. Die Rentenleistung wird bereits nachgelagert besteuert. Künftig gilt das auch für Direktversicherungen. Aus Gründen des Vertrauensschutzes bleibt die Möglichkeit der Pauschalbesteuerung für jene Beiträge an

Pensionskassen und Direktversicherungen bestehen, die auf Grund einer Versorgungszusage geleistet werden, die vor Inkrafttreten der Neuregelung erteilt wurde. (1), (3)

Nachgelagert besteuert werden Leibrenten und andere Leistungen aus den gesetzlichen Rentenversicherungen, landwirtschaftliche Alterskassen, berufsständischen Versorgungseinrichtungen und private Leibrentenversicherungen (auch Rürup-Rente genannt). Die Rürup-Rente sieht eine monatliche, lebenslange Leibrente nicht vor dem 60. Lebensjahr vor. Außerdem sind die Versorgungsansprüche nicht übertragbar, beleihbar, veräußerbar und kapitalisierbar. Des weiteren darf über den Anspruch auf Leibrente hinaus kein Anspruch auf Auszahlungen bestehen. (1)

Die Modalitäten der staatlich geförderten, aber wegen einer Überregulierung wenig genutzten privaten Altersvorsorge (Riester-Rente), wurden durch das Alterseinkünftegesetz modifiziert: Die Antragstellung wird vereinfacht. Ab 2006 werden nur noch Produkte staatlich gefördert, die für Männer und Frauen gleiche Beiträge und gleiche Leistungen (Unisex-Tarife) vorsehen, obwohl die Lebenserwartung unterschiedlich ist. Zugleich wird den Anlegern die Möglichkeit eingeräumt, zu Beginn der Auszahlungsphase 30 Prozent des angesparten Kapitals zur freien Verwendung zu entnehmen. Für bestehende Verträge ändert sich nichts. (1), (3)

Das Steuerprivileg für Kapitallebensversicherungen (Sonderausgabenabzug und Steuerfreiheit der Erträge bei längerer Laufzeit) wird für nach dem 1. Januar 2005 abgeschlossene Verträge abgeschafft. Auszahlungen aus Altverträgen bleiben aus Gründen des Vertrauensschutzes steuerfrei. Bei künftig abgeschlossenen Verträgen greift für Versicherte, die zum Zeitpunkt der Auszahlung das 60. Lebensjahr vollendet haben und deren Vertrag länger als 12 Jahre lief, das Halbeinkünfteverfahren. Die Auszahlungsbeträge müssen zur Hälfte versteuert werden. (1)

Kritik am Alterseinkünftegesetz

Die Finanzbranche kritisierte das Gesetz scharf. Insbesondere die Umstellung der Riester-Rente auf Unisex-Tarife löste Empörung aus. Es wird ein Ende der freiwilligen Riesterrente erwartet. Männer werden freiwillig keine geförderten privaten Rentenverträge mehr abschließen, wenn eine Quersubvention in Höhe von rund 15 Prozent der Frauentarife erfolgen muss. Da durch die zu erwartenden sinkenden

Vertragszahlen, die auf die übrigen Verträge umzulegenden Verwaltungskosten steigen werden, werde die Riesterrente schließlich auch für Frauen uninteressant. (4), (10)

Arbeitgeberpräsident Dieter Hundt vertrat die Meinung, dass die Unisex-Tarife die Riester-Rente insgesamt unattraktiver machen. Auch würde die betriebliche Altersvorsorge auf Grund der geplanten Neuregelungen leiden. Es sei fahrlässig, die betriebliche Altersvorsorge durch höhere Steuern und Sozialabgaben zu belasten. (4)

Die Versicherungswirtschaft erwartet für die Rürup-Rente ein ähnlich ruhmloses Schicksal wie für die Riester-Rente. Die geforderten Regulierungen, wie nicht kapitalisierbar, nicht beleihbar und nicht vererbbar, sowie dass die Beiträge bei vorzeitigem Tod des Versicherungsnehmers vollständig verloren sind, machen das Produkt nicht sehr attraktiv für die Kunden. (11), (12)

Die Kritik der Opposition am Alterseinkünftegesetz wendete sich nicht gegen den Kern des Gesetzes, den Übergang zur nachgelagerten Besteuerung der Renten. Die Union wollte, dass noch weitere Versorgungsaufwendungen steuerlich begünstigt werden. Auch vererbliche und teilkapitalisierbare Sparformen für das Alter sollten mit einbezogen werden. Darüber hinaus wollte die Union die Möglichkeiten der betrieblichen Altersversorgung im Rahmen der Pensionsfonds verbessern. (8)

Offene Punkte

Der Hauptgeschäftsführer des Bundesverbandes Investment und Asset Management mahnt an, dass die Altersvorsorge einfacher, verständlicher und flexibler werden müssen, um breite Akzeptanz in der Bevölkerung zu finden. Die Investmentbranche setze sich daher für weitere Vereinfachungen bei der Riester-Rente, die Zusammenführung von betrieblicher und privater Alterssicherung und die Öffnung der betrieblichen Altersvorsorge für Fondsprodukte ein. (7)

Fallbeispiele

Die Sicherung der Altersversorgung ist aus Sicht der Bundesbürger derzeit die größte Sorge. Dies ist das Ergebnis einer aktuellen Umfrage des Meinungsforschungsinstituts TNS Emnid unter 1 500

Befragten zwischen 18 und 55 Jahren. Für 59 Prozent ist demnach die finanzielle Absicherung des Alters der wichtigste Unsicherheitsfaktor. Die von der Bundesregierung beabsichtigte Neuregelung der Besteuerung von Alterseinkünften wird eindeutig abgelehnt. 89 Prozent erklärten, dass die Politik derzeit nicht die richtigen Rahmenbedingungen für die private Altersvorsorge schaffe. Nur 28 Prozent haben Interesse an so genanten Leibrenten, die künftig als einziges Vorsorgeinstrument steuerlich gefördert werden sollen. 70 Prozent halten das Instrument, das nur eine Rentenzahlung bis zum Tod, aber keine Vererbbarkeit der Ansprüche vorsieht, dagegen für uninteressant. Die Kapitallebensversicherung wird nach der Abschaffung der Steuerprivilegien drastisch an Bedeutung verlieren. Nur noch etwa jeder dritte Befragte sähe darin dann laut Emnid noch eine Vorsorgealternative für über 60 Prozent wäre das Produkt unattraktiv. (5)

Auf Detailfragen zum Alterseinkünftegesetz kann selbst das Bundesfinanzministerium derzeit häufig keine Antwort geben. Kunden sollten sich daher in Geduld üben. In den kommenden Monaten wird sich zeigen, welche Chancen die vom Gesetz neu geschaffene Vorsorge birgt. Sie fördert ausschließlich Policen mit Rentenzahlungen Sparer dürfen sich das Kapital weder auszahlen lassen, noch beleihen oder vererben. Bisher präsentieren die Lebensversicherer nur Prototypen für die Rürup-Rente, benannt nach ihrem geistigen Vater, dem Wirtschaftsweisen Bert Rürup. Erste Anhaltspunkte liefern Nischenprodukte, die die Kriterien schon weit gehend erfüllen: Die Gothaer verspricht mit dem Tarif RF 100 eine rund 20 Prozent höhere Auszahlung als mit ihrer gängigen privaten Rentenversicherung. Dafür gehen Hinterbliebene leer aus. Die heiße Phase beginnt im Herbst 2004, erst dann können Kunden qualifizierte Aussagen über Vorteile der bisherigen und der künftigen Vorsorge erwarten. Noch sind die Ausführungsbestimmungen des neuen Gesetzes zu unklar, um eine optimale Entscheidung treffen zu können. (9)

Das gekippte Steuerprivileg für Kapitallebensversicherungen lenkt das Augenmerk der Versicherungsbranche verstärkt auf die private Rentenversicherung. Ab 2005 gibt es zwei Varianten: Die neu entstehende Rürup-Rente wird mit gesonderten Steuervorteilen begünstigt. Für die herkömmliche Rentenversicherung wurde im Alterseinkünftegesetz eine steuerliche Verbesserung verankert. Künftig wird der Ertragsanteil von nichtgeförderten Rentenversicherungen geringer besteuert als bisher. Bei einer Auszahlung, die im 66. Lebensjahr beginnt wurden bisher 27 Prozent der Kapitalerträge besteuert. In Zukunft werden es nur noch 18 Prozent sein. Diese Neuregelung gilt ebenfalls für Policen, die bereits abgeschlossen wurden. (11), (12)

Weiterführende Literatur

(1) Was das Alterseinkünftegesetz bringt
aus Frankfurter Allgemeine Zeitung, 12.06.2004, Nr. 134, S. 12

(2) Nachgelagerte Rentenbesteuerung kann von 2005 an starten Bundesrat billigt mit Stimmen aus dem Unionslager das Alterseinkünftegesetz
aus Börsen-Zeitung, 12.06.2004, Nummer 111, Seite 7

(3) Das umstrittene Alterseinkünftegesetz im Detail Rentner sollen Steuern zahlen
aus Die Welt, Jg. 59, 12.06.2004, Nr. 135, S. 3

(4) Weg für Alterseinkünftegesetz ist frei - Experten sind nicht nur über Unisex-Tarife bei der Riesterrente entsetzt Die Umstellung auf eine nachgelagerte Besteuerung wird eingeleitet: Die Beitragszahlungen werden allmählich von Steuern befreit, während ein steigender Anteil der Renten belastet wird Systemwechsel mit Tücken
aus Die Welt, Jg. 59, 29.04.2004, Nr. 100, S. 12

(5) Studie: Sichere Altersversorgung ist für Bundesbürger Sorge Nummer eins - Politische

Rahmenbedingungen werden abgelehnt Versicherer fordern Nachbesserungen beim Alterseinkünftegesetz
aus Die Welt, Jg. 59, 13.05.2004, Nr. 111, S. 17

(6) Alterseinkünftegesetz nimmt die erste Hürde
aus Frankfurter Allgemeine Zeitung, 30.04.2004, Nr. 101, S. 17

(7) BVI: Vorsorgeansprüche müssen vererbbar sein Fondsbranche mit Alterseinkünftegesetz unzufrieden
aus Börsen-Zeitung, 18.05.2004, Nummer 95, Seite 6

(8) Zahlreiche Gesetze im Vermittlungsausschuß
aus Frankfurter Allgemeine Zeitung, 15.05.2004, Nr. 113, S. 1

(9) Zeitenwende TITEL: Lebensversicherungen - Steuerfreie Rente - Letzte Frist - Chancen und Risiken der neuen Altersvorsorge - Plus Ranking: 62 Versicherer im Vergleich / Das Alterseinkünftegesetz macht Lebensversicherungen mit Einmalauszahlung zum Auslaufmodell. Die Frist für steuerfreie Policen endet am 31. Dezember. Steuersparer müssen jetzt die Weichen für ihre Vorsorge stellen aber nicht voreilig handeln.
aus Capital vom 09.06.2004, Seite 100

(10) Alterseinkünftegesetz: Todesstoß für Riester
aus Bank und Markt 06 vom 01.06.2004 Seite 042

(11) Erst Riester, jetzt Rürup - alles Rente oder was? ALTERSVORSORGE / In der Öffentlichkeit noch

kaum bekannt, in Fachkreisen bereits heftig diskutiert: die Rürup-Rente. Sie soll die geförderte Altersvorsorge pushen.
aus Börse Online vom 09.06.2004, Seite 61

(12) Rürup-Rente auf Riesters Spuren
aus Frankfurter Allgemeine Zeitung, 29.05.2004, Nr. 124, S. 19

Impressum

Alterseinkünftegesetz

Bibliografische Information der deutschen Nationalbibliothek

Die Deutsche Nationalbibliothek verzeichnet diese Publikation in der deutschen Nationalbibliografie; detaillierte bibliografische Daten sind im Internet über http://dnb.d-nb.de abrufbar.

ISBN: 978-3-7379-1317-1

© 2015 GBI-Genios Deutsche Wirtschaftsdatenbank GmbH, Freischützstraße 96, 81927 München, www.genios.de

Alle Rechte vorbehalten. Dieses Werk ist einschließlich aller seiner Teile – z.B. Texte, Tabellen und Grafiken - urheberrechtlich geschützt. Jede Verwertung außerhalb der Grenzen des Urheberrechtsgesetzes bedarf der vorherigen Zustimmung des Verlags. Dies gilt insbesondere auch für auszugsweise Nachdrucke, fotomechanische Vervielfältigungen (Fotokopie/Mikroskopie), Übersetzungen, Auswertungen durch Datenbanken oder ähnliche Einrichtungen und die Einspeicherung und Verarbeitung in elektronischen Systemen.